El enojo está BIEN

La violencia NO

**Por
Julie K. Federico**

Traducido por Shannon y Robb Gallegos

El enojo esta BIEN La violencia NO

Traducido por Shannon y Robb Gallegos

Cover and interior design by Elizabeth M. Hawkins
Illustrations by Glori Alexander

Printed in the United States of America

ISBN: 978-1-61862-227-3

Juvenile Nonfiction/ Social Issues/ Physical & Emotional Abuse

Dedicación

Este libro está dedicado a Cathy Bearce - la subgerente para TD Ritter Center - y los maestros del preescolar de Community Renewal Team Headstart en Hartford, Connecticut, ya que no existiría este libro sin su ánimo.

Reconocimientos

Me gustaría reconocer a todos los padres criando a sus hijos en hogares donde existe la violencia doméstica. Mi corazón se extiende a ustedes. Por favor, busquen una manera de superarlo. Busquen la seguridad para ustedes mismos y sus hijos. No hay un regalo mejor que les pueden ofrecer.

"El Señor está cerca de los que tienen quebrantado el corazón; él rescata a los de espíritu destrozado." Salmos 34:18 (NTV)

Introducción

Más que cinco millones de niños son testigos de un acto de violencia doméstica cada año.

Este libro es importante porque hay una falta de materiales apropiados, tanto para la edad escolar como la aula, que permiten a los niños sentirse seguros a hablar sobre temas difíciles como la violencia doméstica. Libros como este permiten que los niños hablen sobre un tema alarmante en un ambiente seguro y dar nombre a los comportamientos y sentimientos que están experimentando.

Cathy Bearce
Gerente asistente de la unidad
Programa de la educación y cuidado de los niños
Community Renewal Team
Hartford, Connecticut

El enojo está BIEN la violencia NO es un libro con dos propósitos. Es uno de los libros más importantes en venta para niños que viven con la violencia doméstica. El segundo propósito, menos amenazante, es para ayudar a los niños de uno a dos años con resolver su enojo y berrinches. Si usted está comprando este libro porque tiene niños con berrinches diarios, considérese muy afortunado. Estos problemas se corrigen mucho más rápido que la cuestión de la violencia doméstica. Cuando los niños toman el control del lenguaje y aprenden unas palabras, se disminuyen los berrinches. Recuerdo cuando mi hija mayor aprendió las dos palabras, "necesito ayuda". Esto la ayudó reducir sus berrinches a la mitad ya que me avisó cuando necesitara algo. Yo iba por ella y la ayudaba con lo que la diera un problema en vez de ella gritando a pleno pulmón y tirando lo que tuviera a través de la habitación. Con mi segunda hija, intentaba guiarla cuando tuviera un berrinche. Si estábamos pagando en el supermercado o saliendo de una cita con el doctor, la decía, "¡No pierdas control ya!" infiriendo que 'si me puedes dar sólo cinco minutos para salir de aquí, luego puedes perder control de forma segura'. Al principio mi hija no tenía ni idea de lo que estaba diciendo. Más tarde, mientras la imploraba, "¡No pierdas control ya!" se caía al suelo a veces exhausta y gritaba, "¡Ya estoy perdiendo control!" Otras veces se levantaba sus brazos para que la abrazara y mi cercanía con ella nos ayudaba encontrar los cinco minutos preciosos que necesitábamos para irnos y perder control en privado.

Este libro también enseña comportamientos de reemplazo. Igual como dejar el vicio de fumar, si un adulto dice a un niño, "¡Ya basta!" sin ofrecer un comportamiento de reemplazo, usualmente el niño no va a notar los mandatos del padre. Si dice a su niño de uno o dos años, "No, no puedes tirar la pelota a tu hermanito de dos semanas, pero sí puedes ir afuera y tirar la pelota a la pared o puedes jugar conmigo", el redireccionarlo le va a ayudar más. Si quiere que alguien deje de fumar sin ofrecer un comportamiento de reemplazo, hay poca oportunidad para el éxito. Comportamientos de reemplazo no son violentos, son actividades seguras y apropiadas para su hijo. Cuando su hijo esté mayor y usted haya usado este término, puede decirle: "Este no va a funcionar, necesitas encontrar un comportamiento de reemplazo". Tras el tiempo, los niños tendrán una lista de comportamientos de los cuales pueden escoger en cualquier momento. Niños de uno o dos años necesitan habilidades para controlar el enojo y lenguaje para ayudarles a expresar lo que se están sintiendo cuando un berrinche empiece. Este libro ayudará con situaciones así. Es mejor no leer este libro en el medio de un berrinche o directamente después, sino en una mañana tranquila cuando todos estén bien descansados.

Sí hay fin a los berrinches, y este libro ayudará con traer el fin más pronto. Luego, sin embargo, va a enfrentar otro desafío después de controlar los berrinches. El camino a la madurez nunca es fácil.

Si usted está comprando este libro porque usted y sus niños están viviendo con la violencia doméstica, cómo lo siento. Nadie merece vivir los terrores de la violencia con excepción de, tal vez, un autor de un delito de la violencia doméstica para que puedan experimentar cómo es recibir la violencia. Por favor, busque el servicio de profesionales entrenados. Yo estaría muy cuidadosa con cuáles familiares o amigos usted revela su historia ya que unos pueden hacerle más daño después de que haya compartido la historia. Usted es intuitivo y sabrá quién es una persona segura y quién no. ¡El hecho de que tiene este libro es una celebración! Es una celebración porque está buscando recursos y haciendo lo mejor que sabes para encontrar un sustento para sus niños. Debe sentir orgulloso de sí mismo, y sus niños van a beneficiar de esto más que nunca sabrá. Todo personal en escuelas son denunciantes obligatorios – por eso el pez en la historia representa a una maestra. Sin embargo, cuando usted enfrente la violencia doméstica, reportar no es su asunto más grande. Reportar toma aproximadamente una hora de su tiempo o menos. La cuestión es: ¿Quiere vivir con más abuso en los años que vienen, o quiere salir y reconstruir su vida? Ninguno es fácil. Pero si usted se quede a largo plazo, el daño contra usted y sus niños estará irreparable. Si está uno de los víctimas afortunados que tiene pruebas físicas en su cuerpo después de un episodio de la violencia doméstica, le irá mejor en corte si este evidencia está documentado con un reportaje de la policía. Si está menos afortunado como yo, y no hay marcas o pruebas físicas, su camino será más desafiante si usa las sistemas de las cortes. La buena noticia es que puede salir de su abusador y no presentar un documento de la corte a menos que lo elija. Digo estas cosas con un montón de compasión y conocimiento. Estaba en un matrimonio con la presencia de la violencia doméstica por casi nueve años. Durante los últimos once años, he estado lidiando con la violencia doméstica de manera indirecta ya que mi abusador ha usado los sistemas de la corte para efectuar su abuso continuo. Comparto esta información para que sepa que sí se puede hacer; es posible marcharse de un abusador y reconstruir.

Los niños son tan delicados que encuentran el abuso en un nivel totalmente diferente que los adultos. Su psiquis se marca fácilmente. Si tiene chicos y son testigos de la violencia doméstica, usted mismo está entrenándoles que sean abusadores cuando son adultos. Si tiene chicas, usted está enseñándolas diariamente que el abuso está bien y que se lo aprueba. Yo sé que no está de acuerdo con el abuso; sin embargo, sus acciones de quedarse en una relación abusiva lo aprueba aunque sus palabras dirían algo diferente. Un diálogo no tiene que ocurrir sobre las dos cosas; los niños aprenden de su ambiente incluso cuando los padres no usan palabras o lenguaje especifica. Eso es extraño y alarmante. La cosa mejor para sus hijos es vivir en una casa sin violencia. Si usted no puede llamar e informar a alguien más del abuso, haga que sus hijos cuenten a alguien en la escuela que están experimentando daño. Salir de la violencia doméstica no es fácil; quedándose es aún más difícil y causa más daño a sus hijos. Yo creo que cada año que vives en una casa donde no hay la violencia doméstica, añades dos años a su vida. Gracias por encontrar a mi libro y leer mi mensaje. Por favor, supere la situación. Al fin, no está solo, según La asociación de la violencia doméstica de los niños, cinco millones de niños cada año en los estados unidos son testigos de un acto de la violencia doméstica. http://cdv.org/2014/02/10-startling-domestic-violencestatistics-for-children/

Todavía no he vendido cinco millones de copias de mi libro, y por eso, sé que hay más gente que necesita escuchar este mensaje. Después de que termine este libro, ¿lo donará a una escuela, cuida de niños, biblioteca, iglesia o lo compartirá con un amigo? Con eso, la información continuará ser una influencia positiva. Gracias.

Julie Federico
June 2017

Todos se enojan. Hasta los peces se enojan. Está bien estar enojado con tal de que no lastimes a nadie.

¿Está bien empujar a alguien cuando estás enojado?

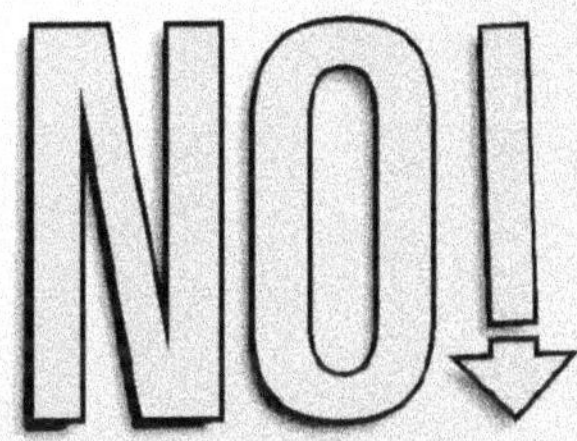

¿Está bien tirar algo cuando estás enojado?

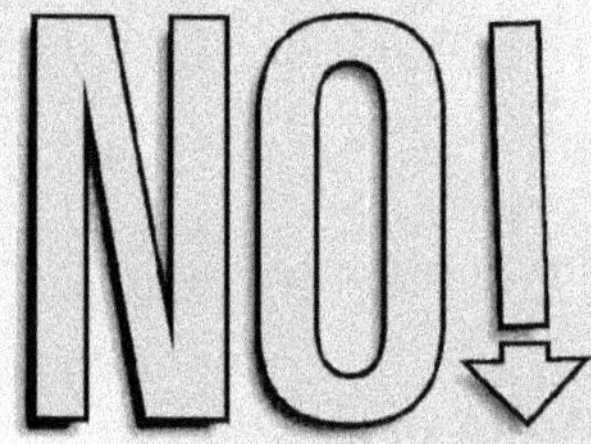

¿Está bien morder a alguien cuando estás
enojado?

Si alguien en tu familia está enojado y dañando a los demás, ¿es la culpa de los peces más
jóvenes?

¿Qué tal si los peces más jóvenes dejaron
pedacitos de sargazo al fondo de bote? ¿Está
bien que el pez adulto les hace daño?

KELP CHIPS

¿Está bien pintar cuando estás enojado?

¡SI!

¿Está bien jugar fútbol cuando estás enojado?

¿Está bien llorar cuando estás enojado?

¿Está bien estar enojado con tal de que no estés dañando a alguien.

Si alguien en tu familia se está enojando y dañando a alguien más, está bien contárselo a tu maestra u otro adulto confiable.

Todo el mundo se enoja, y eso está bien. Pero no está bien enojarse y dañar a los demás.

Si alguien que conoces está dañando a otros cuando se enoja, cuéntaselo a un adulto confiable.

El enojo no debe dañar a los demás.

Guía de estudio para maestros de primaria sobre
 el enojo está BIEN la violencia NO

Este tema es tan importante y regularmente se escapa la planificación de clase. Según La asociación de la violencia doméstica de los niños, más que cinco millones de niños cada año en los estados unidos son testigos de un acto de la violencia doméstica. http://cdv.org/2014/02/10-startling-domestic-violencestatistics-for-children/

Estos niños están en sus clases y se quedan quietos a la violencia que han visto. Intento cambiar eso con este libro poco a poco. Los niños merecen crecerse en una casa sin violencia.

Objetivos:
• Los estudiantes aumentarán su conocimiento del enojo y los problemas con el enojo.
• Los estudiantes aprenderán qué hacer si alguien en su familia tiene el enojo explosiva.
• Los estudiantes aprenderán habilidades de reemplazo en vez de la frustración hacia fuera.

Lea el enojo está BIEN la violencia NO a los estudiantes. Deje que los estudiantes hacen comentarios. ¿Qué fue tu parte favorito del libro? ¿Qué es una pregunta que tienes para la autora?

Todos se enojan, ¿qué no? ¡Que sí!
Dé un ejemplo de la última vez que se enojó usted o pida que sus estudiantes comparten un ejemplo. ¿Qué pasó cuando se enojó? ¿Qué hizo?

Hable de comportamientos de reemplazo, los cuales son cosas que estudiantes pueden hacer aparte de enfurecerse. Por ejemplo, dibujar, pintar, escribir poesía, llorar o hablar con un amigo. Pida a los estudiantes su actividad favorita para reemplazar su comportamiento. Posiblemente, comparta la suya.

En la historia, en la parte que el pez padre se volvió furioso al ver sus hijos derramar botanas al fondo de su barco, pregúnteles a los estudiantes si piensan que este comportamiento está bien. Pregúnteles si alguna vez observan este tipo de comportamiento de los adultos en su propia familia.

Si sus estudiantes revelan que la ira violenta se les está pasando, hábleles en privado en otro momento con el consejero o el trabajador social de la escuela presente.

Recursos para la violencia doméstica

*Domestic Shelters.org: Empiece su búsqueda aquí de pro-
gramas y refugios de la violencia doméstica cerca de usted.*

www.domesticshelters.org

*The National Domestic Violence Hotline
(Línea directa para solicitar ayuda con la violencia doméstica)
www.thehotline.org*

1-800-799-7233

*101 Recursos excelentes para prevenir la violencia
doméstica.*

Ayuda se encuentra aquí

www.socialworkdegree.net/domesticviolenceprevention

Otros libros por Julie Federico
www.juliefederico.com